MEDITACIÓN

Una Guía Simple Para Aumentar La Positividad

(Meditación Para Principiantes Guiada Para Lograr La Espiritualidad Del Estado Zen)

Ganix Orta

Publicado Por Daniel Heath

© **Ganix Orta**

Todos los derechos reservados

Meditación: Una Guía Simple Para Aumentar La Positividad (Meditación Para Principiantes Guiada Para Lograr La Espiritualidad Del Estado Zen)

ISBN 978-1-989853-75-7

Este documento está orientado a proporcionar información exacta y confiable con respecto al tema y asunto que trata. La publicación se vende con la idea de que el editor no esté obligado a prestar contabilidad, permitida oficialmente, u otros servicios cualificados. Si se necesita asesoramiento, legal o profesional, debería solicitar a una persona con experiencia en la profesión.

Desde una Declaración de Principios aceptada y aprobada tanto por un comité de la American Bar Association (el Colegio de Abogados de Estados Unidos) como por un comité de editores y asociaciones.

No se permite la reproducción, duplicado o transmisión de cualquier parte de este documento en cualquier medio electrónico o formato impreso. Se prohíbe de forma estricta la grabación de esta publicación así como tampoco se permite cualquier almacenamiento de este documento sin permiso escrito del editor. Todos los derechos reservados.

Se establece que la información que contiene este documento es veraz y coherente, ya que cualquier responsabilidad, en términos de falta de atención o de otro tipo, por el uso o abuso de cualquier política, proceso o dirección contenida en este documento será responsabilidad exclusiva y absoluta del lector receptor. Bajo ninguna circunstancia se hará responsable o culpable de forma legal al editor por cualquier reparación, daños o pérdida monetaria debido a la información aquí contenida, ya sea de forma directa o indirectamente.

Los respectivos autores son propietarios de todos los derechos de autor que no están en posesión del editor.

La información aquí contenida se ofrece únicamente con fines informativos y, como tal, es universal. La presentación de la información se realiza sin contrato ni ningún tipo de garantía.

Las marcas registradas utilizadas son sin ningún tipo de consentimiento y la publicación de la marca registrada es sin el permiso o respaldo del propietario de esta. Todas las marcas registradas y demás marcas incluidas en este libro son solo para fines de aclaración y son propiedad de los mismos propietarios, no están afiliadas a este documento.

TABLA DE CONTENIDO

Parte 1 1

Introducción 2

1. EL ESTADO GAMMA 10
2. EL ESTADO BETA 10
3. EL ESTADO ALFA 10
4. EL ESTADO THETA. 10
5. EL ESTADO DEL DELTA 10

Conclusión 61

Parte 2 63

Introducción 64

Capítulo 1.Comprendiendo La Meditación Y Los Tipos De Beneficios Que Puedes Recibir Al Practicarla. 66

Capítulo 2. Las Principales Razones Por Las Que Debes Meditar Y Los Increíbles Beneficios En Todas Las Áreas De Tu Vida... 70

Capítulo 3. Comprendiendo Qué Es La Meditación Mindfulness Y Qué Significa Estar En El Presente............... 76

Capítulo 4. Guía De Inicio Rápida Acerca De Cómo Meditar Y Meditación Para Principiantes... 80

Capítulo 5. Cómo Usar La Meditación Para Dejar De Preocuparse Y Manejar La Ansiedad. 84

Capítulo 6.Técnicas Para Incrementar La Productividad Usando La Meditación... 88

Capítulo 7. Estrategias Para Incrementar La Espiritualidad Usando La Meditación... 90

Capítulo 8. Consejos Para Incrementar La Capacidad De Tu Mente Usando La Meditación. 95

Capítulo 9. Estrategias Para Incrementar La Felicidad Y La Satisfacción Usando La Meditación 98

Capítulo 10. Una Guía Rápida Y Fácil Para Principiantes Para Llevar A La Práctica Una Rutina Diaria De Meditación, Que Junte Todos Estos Grandiosos Consejos De Meditación... 102

Conclusión 106

Parte 1

Introducción

Este libro contiene pasos y técnicas que mejorarán su bienestar físico y mental y le permitirán obtener un nivel de control sobre sus respuestas emocionales a situaciones en su vida cotidiana.

En estas páginas encontrarás información sobre los orígenes de la meditación, cómo se propagó desde el mundo oriental y se adaptó a la vida moderna, al tiempo que conserva todos los beneficios experimentados por los practicantes de hace siglos, diferentes técnicas de meditación, una explicación completa del propósito y la importancia de sus puntos de Chakra y una guía para practicar la meditación y mucho más.

Descubra por qué y cómo se puede usar la meditación y cómo puede integrarse efectivamente en su vida moderna con poco esfuerzo. En poco tiempo será una parte importante de su rutina diaria y se preguntará cómo alguna vez logró vivir sin ella.

Gracias de nuevo por descargar este libro.

Los orígenes de la meditación

A pesar de su creciente popularidad en los últimos años, el arte de la meditación existe desde hace más de 5000 años. Se descubrieron y autentificaron antiguos artefactos de la India que representan la práctica de la meditación, y se encontró que las escrituras tántricas autenticadas y arcaica contienen referencias a esta técnica llamada "nueva era".

Se cree que los orígenes de la meditación se remontan a la vida de Siddhartha Gautama, también conocida como Buda de Guatemala, (no se conocen sus fechas exactas de nacimiento y muerte, pero se cree que están alrededor del 563 a.C. al 483 a.C.). Comúnmente conocido como solo "Buda" (que significa "iluminado"), se dice que nació en Nepal, (anteriormente conocido como Lumbini). Su padre, el actual Jefe / Rey, le dio a Buda todo lo que deseaba, excepto la libertad, prefiriendo ocultarle todo conocimiento tanto del sufrimiento como de la religión.

Se casó con su prima a la edad de 16 años y se cree que tuvieron un hijo, Rahula, pero a pesar de haber crecido con todas las cosas que el dinero y el privilegio podían proporcionar, junto con una existencia protegida de la influencia negativa, Buda permaneció intacto. Rechazó la riqueza material y, a la edad de 29 años, dejó a su familia y partió de su hogar en busca del verdadero significado de la vida.

El camino de Buda en Guatama lo llevó 420 km hasta Bodh Gaya en Bihar, India, hasta el templo de Mahabodhi. Es en los terrenos de este templo, debajo de las ramas de una antigua higuera, el "Árbol Bodhi", donde se cree que Buda encontró la iluminación. El árbol Bodhi todavía es considerado como uno de los sitios budistas más sagrados.

Esta iluminación animó a Buda a mirar más lejos en su búsqueda de la verdad que lo llevó al ermitaño, AlaraKalama. El ermitaño era un maestro de la meditación yóguica y aceptó a Buda como su alumno, enseñándole los secretos para lograr el perfecto estado mental de Conciencia y Ecuanimidad, el estado Dhyanic, o más simplemente, la Esfera de la Nada.

Buda pasó dos años con AlaraKalama hasta que no le quedó nada para enseñarle. Habiendo agotado el conocimiento del ermitaño, siguió buscando su próxima fuente de información.

Su viaje lo llevó a un bosque cerca de la capital de Magadha, Rajagriha. Fue aquí donde conoció al maestro y compañero meditador, UddakaRamaputta. Uddaka aceptó enseñarle a Buda todo lo que sabía de meditación y lo ayudó a alcanzar niveles más elevados de conciencia cuando estaba en su estado meditativo, pero al igual que Kalama antes que él, Uddaka pronto alcanzó el punto en el que Buda ha superado sus niveles de conocimiento.

A lo largo de los siguientes años de su vida, los escritos antiguos muestran que Buda tuvo 5 compañeros principales que compartieron su viaje de iluminación. Juntos, se privaron de todos los bienes materiales que muchos de nosotros damos por sentado y probaron hasta el límite todo tipo de auto mortificación, incluido un período de tiempo en el que renunciaron a la comida en su búsqueda del conocimiento espiritual.

Esta auto mortificación llevó a Buda a tener una experiencia cercana a la muerte. Débil por falta de comida, se desplomó en un río, por suerte, una niña de la aldea local estaba cerca y logró sacarlo del río y evitar que se ahogara. Mientras se recuperaba, Buda llegó a la conclusión de que tales medidas extremas no eran necesarias para la realización espiritual y personal, pero aún estaba descontento con los valores que la mayoría de los humanos asignaban a las cosas materiales.

Después de buscar en todo lo que había aprendido desde que se había ido de casa, llegó a la conclusión de que las enseñanzas de su primer maestro, AlaraKalama, eran el camino a seguir y proclamaron lo que luego se convertiría en su primera enseñanza:

"El camino medio es el camino de la moderación, entre los extremos de la sensual indulgencia y la auto mortificación".

Este pensamiento lo llevó a desarrollar las cuatro nobles verdades que constituyen el corazón del budismo.

1. La verdad del sufrimiento.

2. La verdad de la causa del sufrimiento.

3. La verdad de la libertad del sufrimiento.

4. La verdad del camino para eliminar el sufrimiento.

Se dice que, al dominar las cuatro nobles verdades alcanzará un lugar de completa y total tranquilidad que lo dejará libre de influencias negativas, un estado conocido como Nirvana.

Años más tarde, Buda accedió a impartir sus conocimientos sobre otros, compartiendo sus técnicas de meditación y las ideas que había adquirido. Estas enseñanzas se extendieron por el mundo oriental y pronto otras culturas y religiones comenzaron a adoptar prácticas meditativas, adaptando las técnicas y enseñanzas a sus creencias.

A pesar del uso generalizado de la meditación, tomó hasta mediados de la década de 1900 antes de que el mundo occidental se pusiera al día y comenzara a incorporarlo al estilo de vida moderno.

Nirvana es el pináculo de la meditación y pocos de nosotros somos lo suficientemente disciplinados, o tenemos suficiente tiempo libre para practicar a este nivel, pero esto no significa que no podamos obtener los beneficios de meditar y mejorar nuestros estados físicos, mentales y emocionales.

Los beneficios de la meditación

El único objetivo de la meditación realizada por todos los practicantes de este arte, tanto expertos como novatos, es equilibrar lo mental y lo emocional con lo físico para crear un bienestar general.

A pesar de ser lento en adoptar la práctica, el mundo occidental ha invertido mucho tiempo y recursos en estudiar los beneficios de la meditación y por qué y cómo una práctica tan simpe puede tener un impacto tan enorme en nuestra salud.

Después de descubrir el daño que causa el estrés en nuestro sistema y de la frecuencia con la que está vinculado a desencadenar enfermedades físicas y mentales, aprende la capacidad de dejar de lado nuestro estrés y obtener un nivel de control sobre los procesos y reacciones mentales, sin la ayuda de medicación, ha sido activamente alentado por muchos profesionales médicos.

Cada vez más, las enfermedades mentales como depresión, adicciones, estrés y ansiedad se tratan con la meditación. A partir de éste tratamiento, muchos profesionales también han visto una reducción en sus problemas físicos, al mostrarse mejoras en los problemas cardíacos, enfermedades relacionadas con el dolor y cansancio crónicos, presión arterial, memoria, problemas digestivos y deficiencia inmunológica.

Para obtener todos estos beneficios y más,

no debemos hacer nada más que aprender a aprovechar nuestra energía vital (prana) y dirigirla a través de nuestros puntos de chakra entre 15 y 30 minutos cada día.

Por supuesto, al principio no es tan simple como esto, pero con un poco de práctica descubrirá que puede hacerlo sin pensarlo; Te será tan fácil como respirar.

Hay 5 diferentes estados de actividad dentro del cerebro, estos son:

1. El estado gamma

2. El estado beta

3. El estado alfa

4. El Estado Theta.

5. El estado del Delta

Cuando el cerebro está en estado gamma, está funcionando a un nivel de hiperactividad. Este es el estado donde el cerebro está trabajando a un mayor nivel de actividad y está absorbiendo y reteniendo más información de lo habitual.

Los niveles altos de gamma significan una mayor capacidad para enfocar y concentrar la mente, procesar información nueva o vieja y recordar algo olvidado. Además, cuando en un estado gamma nuestros sentidos aumentan y somos más conscientes de nuestro entorno, tanto físico como mentalmente, nuestros niveles de felicidad aumentan y tenemos un mejor sentido de la compasión y el autocontrol.

Los neurocientíficos han realizado muchos experimentos en el estudio de la meditación en relación con el estado gamma y sus hallazgos han demostrado que, al entrar en un estado meditativo, la actividad gamma aumenta junto con la actividad en el lado izquierdo del cerebro y la actividad del lado derechodel cerebro disminuye.

Debido a su nivel de alta intensidad, si está sobreestimulado, el estado gamma puede causar niveles elevados de ansiedad.

El estado Beta es el estado usual de la

mente consciente para la mayoría de las personas. Este es el estado en el que estamos despiertos, el estado que nos permite pensar, analizar, resolver problemas y hacer planes, y es el estado donde la mayoría de nosotros pasamos nuestras vidas despiertas.

Beta se trata de estar alerta y activo mentalmente, sin embargo, debido a su nivel de actividad, este es también el estado responsable de pensar demasiado y preocuparse.

El estado alfa ha sido apodado por algunos como la "Puerta al subconsciente". Este es el estado mental relajado, calmado, consciente y placentero. Es ligero y reflexivo y permite su imaginación y creatividad, visualización y sueños diurnos.

El estado de Theta es el siguiente nivel de conciencia. Nuestro subconsciente es abierto y accesible y nuestra mente consciente está tranquila y ha retrocedido a un segundo plano. Entramos en Theta cuando nos dormimos, pero también cuando estamos en un estado de meditación profunda. Eres consciente del entorno que te rodea, pero te liberas de las limitaciones y distracciones de la vida cotidiana. Tu intuición es tangible y la verdadera naturaleza de ti mismo se revela para que la veas.

El estado mental final es Delta, nuestro estado más profundo y más lento, y generalmente solo se alcanza cuando se está en las profundidades del sueño. Este es Nirvana, un lugar al que los devotos más dedicados, como los monjes budistas, pueden alcanzar a través de la meditación.

Este nivel es donde nuestra mente espiritual puede conectarse con el universo y estar en paz. Este nivel también se puede utilizar para regenerar los aspectos mentales y físicos de nuestro ser de la misma manera que lo hace un sueño profundo y reparador.

El Dr. Herbert Benson de la Escuela de Medicina de Harvard ha realizado muchos estudios sobre la meditación. Sus hallazgos han demostrado que, durante la meditación, nuestro flujo sanguíneo cambia del estado normal de vigilia, donde se dirige al sistema nervioso simpático y, en cambio, viaja al sistema nervioso parasimpático. Mientras que en la superficie esto podría no parecer una gran diferencia, el sistema nervioso simpático es lo que gobierna nuestra lucha o reflejo de vuelo. Este reflejo es responsable de la mayor parte de la ansiedad y la confusión que sentimos.

La redirección del flujo sanguíneo nos permite alcanzar un nivel de calma que de otra manera no podríamos experimentar. Así como el estrés tiene un gran impacto negativo en nuestro bienestar mental y físico, esta calma otorga un nivel de impacto similar, pero de una manera positiva y de esta manera obtenemos muchos beneficios para la salud.

La meditación diaria ayudará a aliviar el estrés y la ansiedad que conducen a beneficios de salud a largo plazo. Después de un corto período de práctica regular, comenzará a notar pequeñas mejoras en su salud general y en su estado mental, pero al igual que con todas las cosas, para lograr los beneficios a largo plazo asociados con la meditación regular, necesitará trabajar esta práctica en su vida diaria.

Como dije en el capítulo uno, no necesita más de 15 a 30 minutos por día para la meditación, esto es un mínimo, pero es realmente una decisión personal cuánto tiempo continúe meditando cada vez.

Al principio, es posible que necesite un poco más de tiempo, ya que primero debe aprender a pasar a un estado meditativo, pero con la práctica se volverá más y más competente en esto hasta que pueda hacerlo casi al instante y con poco o nada de esfuerzo.

La importancia delChakra en la meditación

Muchas personas han oído hablar de Chakra, pero su conocimiento de ellas es limitado, pero el uso correcto de estos puntos de energía dentro del cuerpo puede mejorar el bienestar físico y mental. Si bien no es esencial utilizar su Chakra cuando medita, sin duda será beneficioso si lo hace. Entonces, ¿qué son los chakras y cómo los usas?

Los puntos de chakra son puntos de energía centralizados dentro de su cuerpo que ayudan a regular y estabilizar las funciones corporales y mentales que controla cada punto. Desde su sistema inmunológico, órganos vitales y procesos mentales y emocionales, todo puede verse afectado y equilibrado a través de su Chakra correspondiente.

La energía, a menudo llamada fuerza vital o prana, recorre todo el cuerpo y pasa a través de los chakras, muy similar a la forma en que nuestra sangre se transporta a través de las venas. Usando esta misma analogía, muchas de las venas a través de las cuales fluye la sangre son bastante pequeñas, pero tenemos algunos canales más grandes, arterias. Esto es lo mismo con los puntos de Chakra. Según los meditadores orientales, hasta 72 mil corrientes de energía menor, Nadis, se han encontrado en un momento dado a través de los numerosos puntos de Chakra.

Sin embargo, no es necesario preocuparse por esta cantidad de Nadi, ya que cada uno de ellos proviene de la corriente de energía central, la Sushuma, y esto se controla mediante los siete chakras principales. Al adaptar y mantener el flujo de su prana a través de estos 7 puntos, todos los beneficios se aplicarán directamente a las corrientes de menor energía. Pero, ¿por qué es necesario?

Al igual que sus arterias principales, sus puntos principales de chakra pueden obstruirse y bloquearse, deteniendo o reduciendo el flujo de prana natural del cuerpo de manera efectiva. Esto lleva a numerosas repercusiones en la salud, tanto físicas como mentales.

Las emociones negativas pueden ser responsables de causar muchos de estos bloqueos. Aprender a administrar y corregir su flujo de energía limpiando el Chakra y eliminando cualquier bloqueo le ayudará a recuperar un equilibrio natural de las energías.

Familiarizarse con la apertura y el cierre de sus Chakras se puede hacer al mismo tiempo que, mientras aprende a meditar y una vez que se domine, se puede realizar una limpieza de sus chakras con regularidad durante su meditación diaria.

Al igual que con aprender a calmar su mente para meditar de manera efectiva, la apertura y el cierre de su Chakra requerirá un poco de práctica, pero se vuelve más fácil rápidamente y pronto será algo que usted es un adepto a hacer.

Nuestro prana no está restringido a nuestro cuerpo interno. Su ciclo a través de nuestro cuerpo incorpora la capa exterior de nuestro ser. La energía de la fuerza vital fluye alrededor, luego sale de su circuito interno y forma una barrera a nuestro alrededor antes de regresar hacia adentro. Si nuestros puntos Chakra principales están libres de obstrucciones, esta energía tiene un flujo continuo. El prana externo se conoce como nuestra Aura.

Nuestro campo de prana se compone de 7 fuentes principales de Chakra, Aura y otras 3; El Cuerpo Físico, el Hara y el Espíritu.

El 'Cuerpo Físico' abarca todos los aspectos

físicos de nuestro yo, los tejidos blandos, los músculos, las venas, el sistema digestivo, el sistema reproductor y la piel, de hecho, todo lo físico que conformamos, desde el órgano más grande hasta la molécula más minúscula.

El "aura" puede ser visto por el ojo físico, aunque no todos pueden discernirlo. Se ve más como una bruma o neblina que rodea a una persona y está teñida de color, pero como con todo, se requiere práctica para verla. Al aprender a abrirse a la energía universal, puede comenzar a reconocer las auras externas de los demás, pero este reconocimiento no es de ninguna manera su objetivo, simplemente es una ventaja que se agrega a una mente y a un cuerpo tranquilo y conectado.

El aura está formada por una amalgama de las energías que fluyen a través de sus 7 puntos principales de Chakra y las formas y el tipo de campo energético que rodea el cuerpo. ¿Alguna vez conoció a alguien y sintió una inquietud inexplicable por esa persona, o entró en una habitación e inmediatamente experimentó una emoción similar a la de alguien con quien entró en contacto, pero no entiende por qué también se siente triste, feliz o emocionado?

Esto se debe a que su aura es susceptible a las emociones y pensamientos tanto de usted como de quienes lo rodean. Tal vez no es usted quien lo ha experimentado, ¿puede pensar en un momento en el que se ha estado divirtiendo, pero en el fondo de su mente tiene preocupaciones que le molestan y alguien cercano a usted le pregunta al azar qué está mal? Su aura ha captado su emoción, a menudo sin que ellos se den cuenta de que eso es lo que ha sucedido.

Al aprender a administrar su prana interno, también estará administrando su aura.

El "Hara" es una puerta de entrada a un nivel de energía mucho más profundo que podemos utilizar para lograr nuestros objetivos. Es la base de nuestra fuerza interior y está formada por energía pura y sin adulterar. No contiene ningún indicio de emoción o condicionamiento humano y, cuando hemos logrado un equilibrio completo de nuestro prana, podemos sumergirnos en el hara a voluntad, sacando de él lo que necesitamos. Esta puerta de enlace se encuentra a 2 pulgadas detrás de la marina.

Un ejemplo del uso de las energías del hara es bastante conocido, aunque la mayoría de nosotros no lo reconocemos por lo que es. ¿Cuántas veces has visto una actuación de Karate o alguna otra forma de arte marcial y te has preguntado cómo es posible lo que están haciendo sin un dolor extremo? Hombres o mujeres mayores y de aspecto frágil que pueden atacar a un combatiente joven, ágil y extremadamente en forma que nos llevaría a muchos de nosotros fuera del juego durante bastante tiempo, sin embargo, permanecen inmóviles e inquebrantables como si nada los hubiera tocado. Esto se debe a que están utilizando la energía del hara.

Como lo han hecho, todos podemos llegar a un punto en el que también podemos llegar a través de esta puerta de enlace y aprovechar el poder en bruto que existe cuando lo deseamos. Requiere mucho más enfoque y práctica, y la simple meditación por sí sola no le permitirá alcanzar este nivel, sin embargo, la práctica sostenida mientras medita la voluntad y si esta es su meta, definitivamente se puede lograr.

El espíritu es la totalidad del yo espiritual. Es la acumulación de todo lo que eres y todo lo que puedes ser menos el cuerpo físico. El espíritu eres tú. Nuestro cuerpo físico no es más que una prenda de vestir que debemos usar para permitirnos interactuar con la vida a nivel físico y el espíritu es lo que seguiremos siendo cuando nuestro cuerpo físico se haya agotado. Es el nivel más alto de nuestro ser y para despertar completamente, debemos conectarnos con él. La conexión con tu verdadero ser es la única forma en que llegarás al Nirvana.

Esto puede parecer una tarea imposible. Estamos limitados a los demás por las limitaciones sociales y las emociones, pero en verdad, si bien estos aspectos son una parte necesaria de la vida, tienden a gobernarnos. Esto dificulta el reconocimiento de nuestros verdaderos seres internos. Conectarse con su espíritu no significa que deba ignorar estas reglas y emociones. El espíritu es, en su forma más básica, el AMOR PURO; amarte a ti mismo y amar a tu prójimo, y aceptar esto significa que puedes incorporar emociones y construcciones sociales en tu vida, pero de tal manera que también te estás siendo fiel a ti mismo.

Los siete puntos Chakra principales están representados por un color particular junto con ciertos elementos físicos y emocionales que están vinculados a él. Para poder abrir y cerrar sus Chakras, deberá comprender las funciones y el color asociados con él.

Los Siete Puntos Chakra Principales
El Chakra De La Raíz - Rojo

Este es el primero de tus principales puntos de Chakra y se basa en el área pélvica. Ésta es la raíz de su energía física y está vinculada a la supervivencia humana. Proporciona la estabilidad que necesitamos para mantener funcionando todas nuestras funciones físicas.

Éste Chakra trata sobre todas las cosas relacionadas con la autoconservación de nuestro ser físico y trabaja para mantenernos en tierra. Sus principales áreas de función son los riñones, la columna vertebral, la próstata, las glándulas suprarrenales (responsables de las hormonas) y la vejiga.

Un ChakraDe La Raíz bloqueado presentará problemas con pensamientos y comportamientos agresivos, inquietud, desequilibrio psicológico, dudas personales, disfunciones sexuales, enojo y problemas psicológicos asociados con la alimentación. Estos problemas pueden causar síntomas físicos como impotencia e hipertensión y ataques de pánico.

El Chakra Sacro, (WombChakra) – Naranja

El segundo chakra principal se basa directamente entre el ombligo y la pelvis. Este Chakra tiene que ver con el placer, desde la creatividad, la energía sexual y la reproducción física, y rige las áreas físicas de nuestras piernas y órganos reproductivos.

Tu prana fluye hacia arriba a través de tu Chakra Raíz y dentro y a través del Chakra Sacro. Los bloqueos encontrados en este punto de energía se manifestarán como depresión, conductas de dependencia, adicciones, falta de imaginación y todo lo creativo y placentero, como el apetito sexual y la irracionalidad.

Un Chakra Sacro bloqueado también puede ser responsable de problemas reproductivos, como la infertilidad y una anomalía en los ciclos menstruales, problemas renales y urinarios, dolor de espalda e intestino.

El chakra del plexo solar – amarillo

El tercer chakra se encuentra en el Ombligo y está relacionado con nuestro páncrea, hígado, vesícula biliar y estómago. También es responsable de las funciones mentales que gobiernan nuestro sentido de quiénes somos y nuestro ego.

Este sentido del yo gobierna lo que reconocemos de nuestro verdadero ser, lo que queremos, lo que necesitamos y cuánto control tenemos sobre esas cosas.

Cuando la energía puede fluir libremente a través de este punto Chakra, obtenemos un nivel equilibrado de confianza en nosotros mismos y un sentido de control sobre nuestros pensamientos y acciones.

Cuando este Chakra está bloqueado u obstruido, nuestro sentido de quiénes somos se nubla, la ansiedad y la duda sobre nuestros pensamientos y acciones se convierten en la norma y los intentos de ejercer control sobre los demás son una necesidad cada vez mayor a medida que perdemos el control y la creencia de nosotros mismos. Los planes se hacen sin ninguna claridad de pensamiento y, en última instancia, rara vez se realizan.

Un chakra del plexo solar bloqueado también se atribuye a problemas con el peso y la digestión, problemas respiratorios, problemas de órganos, dolores nerviosos, úlceras e incluso diabetes.

El chakra del corazón – verde

Ubicado en el centro del cofre, el Chakra del corazón es representativo de la compasión, las emociones, la paz, la armonía, el amor incondicional y el equilibrio. Este Chakra es la puerta a nuestra conexión con nuestro espíritu. Gobierna el sistema circulatorio, corazón, timo, hígado y pulmones.

Un chakra del corazón bloqueado se presenta con sentimientos de soledad, desconfianza hacia quienes nos rodean, autocrítica y juicio de los demás y sentimientos de ansiedad social y la necesidad de aislarnos, física y mentalmente, de la interacción social.

Los efectos físicos de tener un Chakra del Corazón obstruido o bloqueado son ataques de pánico o ansiedad relacionados con situaciones sociales, problemas de circulación y problemas con el sistema respiratorio.

El Chakra De La Garganta – Azul

Ubicado en la garganta, este Chakra se

ocupa de todo lo relacionado con la autoexpresión, la comunicación, la honestidad y el conocimiento. Este Chakra es también el centro base de la sabiduría y cuanto más te acerques al nivel de Nirvana, mayor será la fuente de la sabiduría. El Chakra de la garganta también está conectado a la parte superior de los brazos, los pulmones, el sistema digestivo y la glándula tiroides, así como a la garganta.

Si su Chakra de la garganta se bloquea, puede presentar síntomas que incluyen dolor de garganta, úlceras en la boca y problemas en las encías, laringitis, dolores de cabeza, dolor de cuello y problemas de tiroides.

También puede desarrollar problemas similares a los de un chakra del corazón bloqueado. Los problemas con las situaciones sociales son un problema común para las personas con bloqueos en este Chakra, junto con una dificultad para comunicar sus pensamientos, comportamientos erráticos y un creciente desapego de la vida en general y especialmente de las personas.

El chakra del tercer ojo – púrpura

Este chakra se basa en el centro de la frente, justo por encima de las cejas. Está conectado a nuestra intuición, visión espiritual y despertar y nuestra imaginación. El chakra del tercer ojo también es responsable de la glándula pituitaria, las orejas, la nariz, el ojo izquierdo, el cerebro inferior y la columna vertebral.

Cuando está completamente abierto, este Chakra reduce las barreras entre los mundos físico y espiritual.

Cuando está bloqueado, este Chakra presenta síntomas relacionados con paranoia, pensamientos delirantes, ansiedad y depresión, junto con síntomas físicos de ciática, problemas de sinusitis, problemas con la vista, migraña y convulsiones.

El Chakra Corona – Blanco

El chakra corona se basa cerca de la glándula pineal en la parte superior (corona) de la cabeza. Este Chakra es el lugar donde tenemos pleno acceso a la esencia misma de nuestro ser y, cuando estamos energizados en equilibrio, es donde podemos alcanzar la sabiduría y alcanzar la plena conciencia espiritual de uno mismo. Es responsable de nuestro ojo derecho, la parte superior del cerebro y la glándula pineal.

Cuando éste Chakra esté obstruido o bloqueado, los problemas de conexión con otros, en cualquiera y todos los niveles, comenzarán a desarrollarse. La soledad se convierte en una emoción regular y se experimenta una desconexión con uno mismo. El pensamiento avanzado se vuelve difícil y la incapacidad de hacer planes y pensamientos directos a menudo está vinculada al flujo de energía a través de este Chakra.

Además de los problemas mentales y emocionales, a menudo hay síntomas físicos que se manifiestan como insomnio, depresión, dolores de cabeza, delirios, dolor nervioso y problemas neurológicos.

Cómo meditar

Hay varios componentes para meditar con éxito, algunos se basan en el simple sentido común, mientras que otros deben aprenderse, pero los conceptos básicos de la meditación en su conjunto se pueden aprender en un corto espacio de tiempo. Dominar el arte una vez que hayas aprendido lo básico es donde necesitarás paciencia, práctica y un poco de disciplina.

Antes de comenzar, tendrá que decidir qué técnica de meditación le gustaría hacer (se detallan diferentes técnicas en el siguiente capítulo), y si realmente desea incorporar la meditación en su vida de manera regular, tendrá que elaborar una rutina. Reserve un intervalo de tiempo cada día de entre 15 y 30 minutos y asegúrese de que sea un período de tiempo en el que no lo molestarán. Este será tu tiempo de meditación.

Una vez que tenga más experiencia en la meditación, puede seguir esta rutina o no, eso depende solo de lo que funcione mejor para usted. Muchas personas encuentran que las mañanas son el mejor momento para la meditación, ya que las prepara para el día, pero una vez que estás acostumbrado a meditar, puedes jugar con tus tiempos y ver qué funciona para ti.

Además, la cantidad de tiempo que pasas meditando depende de la elección personal. Para empezar, decida su período de tiempo y establezca un temporizador. No es necesario que se detenga cuando se apaga el temporizador, pero si tiene poco tiempo, este límite preestablecido le ayudará a relajarse. La observación del reloj y la meditación no van de la mano.

Los pasos para meditar son los siguientes:

1. comodidad
2. medio ambiente
3. respirar
4. puesta a tierra
5. Abriendo tus chakras

6. Meditación

7. Cerrar tu chakra

Comodidad

La comodidad puede sonar como algo obvio cuando se realiza una meditación, pero debe tenerse en cuenta. Muchas personas no se sienten cómodas sentadas en posición de loto (piernas cruzadas) durante más de unos pocos minutos, así que vaya con lo que le resulte más cómodo.

Si elige la posición de loto, consiga un cojín cómodo para sentarse. Un suelo duro puede distraerlo si no está acostumbrado. También puede sentarse en una silla o, mi favorito personal, una pelota de ejercicios, (pero necesitará un buen equilibrio si elige esta opción). La meditación se puede hacer recostada, pero no aconsejaría esto a menos que pueda garantizar que no se quedará dormido.

Independientemente de cómo se siente, asegúrese de que sea una posición en la que pueda sentarse cómodamente durante un período de tiempo con la postura erguida. Cambiar de posición mientras meditas romperá tu enfoque e interrumpirá la calma que has creado dentro de tu mente y cuerpo.

Ambiente

Donde medites es tan importante como tu comodidad. Teóricamente, la meditación se puede hacer en cualquier lugar, tanto en interiores como en exteriores. Cuando haya dominado el arte, descubrirá que puede desconectarse de la mayoría o de todos los ruidos y distracciones que lo rodean, pero esto no sucederá sin mucha práctica.

Encuentre un lugar tranquilo donde no le molesten los ruidos ni las interrupciones. Aprender a meditar en una habitación llena de gente no tendrá éxito. Si, como muchas personas, su vida en el hogar está ocupada, decida cuándo va a practicar y dígales a los que lo rodean que no debe ser molestado.

Asegurar este período de soledad puede ser difícil de lograr, pero con el tiempo, los que te rodean aprenderán cuando estés meditando y te dejarán en este. Si esto realmente no es posible dentro de su hogar, busque un lugar tranquilo fuera de su entorno familiar. Hay muchos centros que ofrecen lugares tranquilos para meditar.

Respiración

La respiración meditativa no es lo mismo que la respiración normal. Sí, sigues inhalando y exhalando, pero es un ejercicio concentrado y controlado. Algo de lo que eres consciente, en lugar de simples respiraciones.

Comienza cerrando los ojos y relajando tu cuerpo. Toma conciencia de tu respiración. Ahora respire lenta y prolongadamente por la nariz contando 3 o 4 segundos. Siente la respiración cuando entra en tu nariz y luego llena tus pulmones. Observe su pecho y / o estómago expandiéndose. Mantente enfocado en tu respiración; Exhale lentamente por la boca durante 3 a 4 segundos. Siente el aire que sale de su cuerpo y los pulmones y el pecho / estómago se desinfla.

Continúa respirando de esta manera, mantente consciente de las respiraciones y mantén tu mente concentrada en cómo respiras excluyendo todo lo demás. Mientras continúas respirando, imagina que el aire que inhalas está lleno de energía positiva que estás absorbiendo profundamente dentro de ti. Con cada exhalación estás derramando toda tu negatividad con el aire mientras exhalas.

Toma de tierra

Una vez que tu mente esté en calma, reconoce que estás conectado con la tierra, que tus pies tienen raíces que se extienden profundamente en la tierra. Con el tiempo llegarás a hacer esto de forma natural, pero para comenzar tendrás que visualizar mentalmente las raíces que vienen de tus pies al suelo.

Ahora enfócate en las raíces e imagina la energía que sube a través de la tierra, a tus raíces e inunda tu cuerpo. Comience con su pie derecho y sienta que la energía sube por las plantas de sus pies y se extiende hacia arriba en su pierna. Continúa dibujando esta energía hacia arriba y continúa extendiéndolo por tu lado derecho hacia la parte superior de tu cabeza y luego hacia abajo por tu lado izquierdo.

Deje que la energía fluya de regreso al suelo a través de las raíces de su pie izquierdo antes de volver a elevarse a través de su lado derecho hacia afuera. Deja que la energía se convierta en un flujo constante y continuo a través de tu cuerpo.

Ahora se ha conectado a tierra y está listo para abrir sus Chakra.

Abriendo los Puntos Chakra

Antes de comenzar, trate de aprender los colores de los puntos de Chakra y el orden de los colores de abajo hacia arriba, esto ayudará a mantener su enfoque. Si está luchando para recordarlos, haga una lista de los colores para que los acompañe las primeras veces hasta que los conozca todos. La visualización es un componente clave para abrir y cerrar los Chakra, así que practique esto por un tiempo antes de comenzar su rutina de meditación. Al igual que con todas las cosas, puede tomar un tiempo entenderlo, pero no te desanimes, todos pueden visualizar las cosas, solo necesitas un poco de perseverancia cuando empiezas a hacerlo.

Usando la energía que fluye a través de su cuerpo desde la conexión a tierra, comience a dirigirla hacia su Chakra raíz. A medida que regresa al suelo a través de su pie izquierdo, redirija hacia arriba y hacia adentro a su pelvis en lugar de permitir que regrese a través de su pie derecho.

Vea esta energía como una corriente de luz pura y blanca. Ahora enfócate en el chakra mismo. Para visualizar el chakra, necesitarás encontrar algo que asociar con él que pueda verse afectado por la energía que ingresa. Algunas personas usan una bombilla del color del chakra, visualizando una bombilla que se enciende cuando la energía fluye hacia ella, otras la ven como un capullo de flor que se abre, usan el símbolo con el que se conectan más fuerte.

Para el propósito de este libro, usaré una bombilla, ya que esta es una de las formas más simples.

Vea el chakra como una bombilla roja que no está conectada a ninguna fuente de energía. Lleve el flujo de energía hacia la bombilla y observe cómo se ilumina. (Esto puede requerir algo de práctica para fortalecer sus habilidades de visualización, pero una vez que lo domine, descubrirá que es extremadamente fácil para usted). Una vez que se enciende la bombilla, ha abierto con éxito su chakra raíz.

Toma esta energía desde el chakra raíz hasta tu chakra sacro. Como antes, visualice la bombilla, pero esta vez haga que la bombilla sea de color naranja. Dirige la energía hacia arriba y atraviesa este punto de chakra, enciende la bombilla al pasar.

Continúe con la corriente de energía a través de los chakras restantes, teniendo cuidado de asegurarse de usar la bombilla de color correcta para corresponder con el punto de chakra que está abriendo.

Termina con tu corona de chakra. Una vez que se abra, deberá reencaminar el flujo de energía para permitir que continúe circulando alrededor de su cuerpo y a través de sus puntos de chakra.

Una vez que la energía haya pasado a través de su chakra de la corona, puede elegir separar la corriente en dos y dejar que fluya hacia atrás por sus lados derecho e izquierdo, hacia afuera a través de ambos pies y hacia atrás a través de su pelvis, aquí formará unaruta y continua a través de los chakras y retroceda a través de sus pies o, puede enviar la energía hacia arriba a través de la parte superior de su cabeza y permitir que caiga en cascada alrededor de su cuerpo externo y retroceda a través de la pelvis hasta los chakras.

La elección es totalmente personal. Mi preferencia es permitir que la energía salga por mi cabeza proporcionando una barrera protectora contra las influencias externas negativas mientras estoy abierto y meditando, pero haga lo que le resulte más cómodo.

Limpieza del Chakra.

Si desea limpiar sus chakras y eliminar los bloqueos que puedan haberse acumulado, este es el momento ideal para hacerlo. Para empezar, es probable que no reconozca dónde están los bloqueos, pero con el tiempo estará en sintonía con su cuerpo y podrá sentir donde la energía está luchando para fluir adecuadamente.

Continúe visualizando el flujo de energía por donde ingresa a su cuerpo justo debajo del chakra de la raíz. Ahora imagina que hay un grifo en la entrada de tu cuerpo. Este grifo está abierto para permitir el flujo de energía, pero no está completamente abierto. Afloje suavemente el grifo para que la energía pueda fluir más rápido. Abra el grifo completamente para que la energía entre en su cuerpo muy rápidamente y se abra paso a través de los puntos de chakra a medida que viaja a través de su cuerpo.

Al liberar el límite del flujo de energía, está creando una fuerza de energía bruta altamente presurizada que explotará a través de los bloqueos y los dispersará. Continúe haciendo esto durante dos o tres minutos antes de bajar el grifo. Deje el grifo abierto, pero no completamente, para que la energía pueda moverse libremente alrededor de su cuerpo en un ritmo suave y constante.

Meditación

Ahora estás sentado cómodamente, estás concentrado en tu respiración, tus chakras están abiertas y, quizás, hayas limpiado tus puntos de chakras, así que ahora estás listo para meditar.

Elija el estilo de meditación que desea hacer (ejemplos en el siguiente capítulo) y relájese y disfrútelo.

Cerrando los Puntos Chakra

Cerrar tu Chakra es extremadamente importante una vez que hayas terminado de meditar. Debería dejarlos ligeramente abiertos para permitir que la continuación de la energía fluya sin restricciones, pero asegúrese de cerrar el grifo lo suficiente para que solo fluya un goteo lento hasta que sea capaz de controlar su energía.

Al perderse este paso importante, se dejará abierto para que otros lo drenen de la energía o, sin darse cuenta, drene a las personas que lo rodean de su energía.

Para cerrar sus puntos de chakra,

simplemente invierte el proceso que usaste al abrirlos. Comience en su chakra corona y avance hacia el chakra raíz.

Visualice la energía que fluye hacia el chakra de la corona y, lentamente, atenúe la luz. No lo apague por completo; Déjalo con un brillo tenue y suave. Ahora baja al chakra del tercer ojo y atenúa esta bombilla. Continúa hacia abajo hasta tu chakra raíz.

Una vez que haya cerrado su Chakra, tómese un minuto para volver tranquilamente su respiración a un ritmo normal y constante.

Estilos de meditación

Si bien los objetivos principales de la meditación pueden haberse mantenido a lo largo de los siglos, a medida que el conocimiento del arte se difundió por el mundo oriental y se practicó más ampliamente, algunas de las técnicas de aplicación se adaptaron a las culturas o religiones que lo adoptaron. A medida que se extendió al mundo occidental, los estudios científicos sobre los beneficios de la meditación se volvieron bastante prolíficos y sus principios básicos se adaptaron para encajar en ciertos nichos a medida que se hacía más y más popular dentro de la profesión médica.

Ahora se practica de manera tan amplia, y con una variedad de técnicas, que seguramente habrá algo que se adapte a todos. Sea cual sea la forma que elija para meditar, el objetivo principal es el mismo, para lograr un nivel de calma, tranquilidad y equilibrio entre la mente, el cuerpo y el universo. La única diferencia es cómo lo consigue hasta el punto de ingresar y mantener su estado meditativo.

En este capítulo explicaré las diferentes formas en que una variedad de religiones usa la meditación y algunas de las diferentes técnicas más utilizadas. Siéntase libre de adaptarlos a sus preferencias personales de la manera que más le guste, ya sea una estricta adherencia a la técnica meditativa de su elección o el uso de elementos de muchas técnicas para lograr el más alto nivel de confort para satisfacer sus necesidades particulares.

Técnicas de la meditación
Vipassara

Vipassara es una técnica tradicional que tiene sus orígenes en el siglo VI aC. Se traduce en Insight y Clear Thinking y se basa en el enfoque de la respiración.

Para practicar Vipassara, necesitarás sentarte en una posición en la que tu columna vertebral esté erguida pero no esté apoyada. La posición de loto es el asiento ideal para esta forma de meditación.

El objetivo de Vipassara es lograr una completa conciencia de tu cuerpo espiritual y físico. Esto se hace enfocando su mente en su respiración y su efecto en su cuerpo. Se trata de los sonidos, los olores, los sentidos y el sentimiento físico y luego el desprecio de todos ellos.

La práctica exitosa de esta técnica implica reconocer todas las cosas, pero disociarlas con lo físico. Todo se generaliza como un sonido, un movimiento, un dolor, etc. Por ejemplo, puede estar meditando y alguien pasa por la puerta,escuchará físicamente sus pasos, pero en lugar de reconocer esto como los pasos de una persona que camina, lo relegará al sonido y al movimiento sin un título específico en cuanto a qué es ese sonido o movimiento. Del mismo modo, es posible que sufra de dolor de estómago, esto se reconoce como dolor en lugar de dolor de estómago.

El objetivo de esto es eliminar todas y cada una de las distracciones mediante la generalización en lugar del reconocimiento del título para que no puedas concentrarte en nada y permitir que tu mente te lleve a donde quiera, sin pensamientos ni preocupaciones conscientes que causen distracciones.

Zazen (Zen)

La técnica de meditación zen se remonta a la tradición budista china. Se traduce en "meditación sentada" y, a diferencia de Vipassara, se enfoca directamente en la posición del asiento mientras se medita.

Los budistas zen tradicionales adoptaron la

posición de loto mientras practicaban sus meditaciones, estableciendo una estricta adherencia a la postura con la columna vertebral alineada en una línea recta desde la cabeza hasta la pelvis. Esta tradición también hace hincapié en la posición de la cabeza y la boca, ya que la boca debe cerrarse en todo momento y la cabeza debe estar recta y orientada hacia adelante.

A lo largo de los años, la posición de loto ha mantenido su posición principal en esta técnica, pero la meditación Zen ahora también permite el uso de una silla de respaldo recto como ayuda para la postura.

A pesar de la rigidez con la que debe sentarse cuando utiliza esta técnica, la meditación en sí misma es sorprendentemente sencilla, y se centra únicamente en la respiración. Ignorando todo lo que te rodea, concentras tu mente en seguir la inhalación y exhalación de tu respiración y nada más. El objetivo es permitir que la mente se calme a un nivel en el que nada entre en su conciencia, excepto las respiraciones que está tomando.

Shikantaza

También con sus raíces firmemente en el budismo, Shikantaza es una versión ligeramente más relajada de la técnica Zen. Se traduce en "sentarse", nada más.

La posición de asiento es la misma que con una meditación Zen, pero en lugar de centrar su mente en su respiración, simplemente se sienta y deja que su mente divague. Eres consciente de todo lo que te rodea, tanto interno como externo, pero no se le presta atención. No hay pensamiento consciente involucrado. Tu mente se da rienda suelta para deambular a voluntad cuando quiera.

La dificultad con esto en las primeras etapas de la práctica es que muy a menudo te encontrarás siguiendo conscientemente un tren de pensamiento. El objetivo es desconectarse de la mente consciente donde tiene algún control de sus pensamientos y, en cambio, permitirle ir en la dirección que le plazca, mientras que no le da importancia a nada que pase por su mente.

Meditación Mantra

Una amplia variedad de diferentes religiones y culturas practican una forma de meditación mantra y es quizás la técnica más fácil de usar cuando se comienza por primera vez.

En lugar de permitir que tu mente vague o enfocarte en tus respiraciones, en lugar de eso, repites silenciosamente un mantra de tu elección para mantener tu mente enfocada.

El beneficio de esto es que, si bien su conciencia está enfocada en una sola palabra o frase, su subconsciente puede descansar y ordenar cualquier cosa que necesite atención sin distraerse con su mente consciente e intentar organizarla en la forma en que lo ha enseñado a hacer.

Todos hemos oído hablar de "sensaciones viscerales" e "intuición", y la mayoría de nosotros somos capaces de reconocer que cuando seguimos estos sentimientos siempre nos dirigimos en la dirección correcta. Esta información proviene de nuestro subconsciente. En la vida diaria, nuestra mente consciente ha sido programada para hacer las cosas de cierta manera o reaccionar de una manera particular. Aún peor es cuando nuestras emociones nublan nuestro juicio y dirigen el curso de nuestras decisiones conscientes.

Mediante el uso de la meditación mantra, permites que tu subconsciente se haga cargo y clasifique las cosas por ti sin una dirección equivocada de la conciencia o las emociones. Ser guiado por nuestro subconsciente, nuestro Espíritu, es el objetivo en todas las formas de meditación, pero a menudo es difícil calmar la mente consciente.

Al cantar continuamente, de manera efectiva se está deteniendo la mente consciente y creando vibraciones que pueden llevarlo a niveles más altos de conciencia.

Muchas tradiciones usan cuentas de oración para ayudarlos a meditar con mantras, y cada cuenta representa un mantra completo. Estas cuentas pueden tener la forma de una larga cadena de cuentas, como la que usan los monjes budistas, y la cadena pasa lentamente a través de las manos a medida que se completa cada repetición de un mantra. Otras tradiciones, como los musulmanes, usan solo una colección de cuentas individuales que se recogen de un cuenco y se colocan en un segundo cuenco a medida que se completa el mantra.

Tradicionalmente, la mayoría de las cuentas de oración suman 108. Se cree que esto se relaciona con algún significado espiritual, pero hay muchas teorías sobre por qué 108 es un número espiritual. Desafortunadamente, nunca he podido descubrir la verdadera razón de esta elección, ya que hay demasiadas especulaciones diferentes relacionadas con ella.

Un mantra es una palabra u oración muy simple que se repite una y otra vez. A continuación, se presentan algunos de los mantras tradicionales y algunos más nuevos. Juega con estos, pero siéntete libre de crear un mantra que sea personal para ti. Algunas personas tienen diferentes mantras que usan en momentos específicos, como un mantra para la curación, un mantra para la iluminación, etc.

Ejemplos de mantras modernos

El amor es el único milagro que hay - Osho

Cada día, en todos los sentidos, estoy mejorando y mejorando -Laura Silva

Sé el cambio que deseas ver en el mundo - Gandhi

Cambio mis pensamientos, cambio mi mundo

Ejemplos de mantras tradicionales

Soy lo que soy - de la Torá hebrea.

Namo Amita Bha - Un homenaje al Buda de la Luz sin límites

SabbeSattaDukkhaMuccantu - (que todos los seres estén libres del sufrimiento)

Atención plena

La atención plena es una adaptación de las meditaciones tradicionales budistas y se basa en el enfoque de la respiración. Su objetivo es ayudarlo a existir en ese momento único, no en el pasado, no en el futuro, justo allí y en ese momento.

Al igual que con otras formas de meditación, no hay un requisito para el pensamiento consciente, concéntrese en los efectos de su respiración en su cuerpo como ese momento en el tiempo. Reconozca qué tan cálido o frío está su cuerpo, pero sin detenerse en él, sienta cómo se le inflan los pulmones, pero no piense en eso, solo acepte cómo se siente. Sea consciente de cualquier ruido a su alrededor y reconozca sin pensar en qué es y por qué.

De esta manera, la atención plena le permite entrenar su mente para estar alerta y alerta de todo lo que sucede a su alrededor. Debido al enfoque en su respiración, puede transferir esta conciencia a la vida cotidiana, notando todo, pero prestando atención solo a aquellas cosas que realmente lo requieren.

Comenzará a leer los pequeños detalles sobre las personas que ha conocido durante años, todas las cosas que siempre han sido obvias, pero no se ha prestado atención. Dejarás de escuchar lo que la gente te dice y comenzarás a escuchar realmente lo que están diciendo y la forma en que lo dicen. Comenzarás a darte cuenta de la vida silvestre que ha estado a tu alrededor a diario pero que nunca has notado.

Esto puede parecer mucho para asimilar, pero debido a su capacidad para enfocar su mente, simplemente absorberá esta información en lugar de permitir que su mente consciente se llene de ella.

Ejercicios de práctica meditativa

Estos ejercicios están diseñados para ayudarlo a tomar conciencia de su mente y cuerpo y para ayudarlo a aprender el arte de la meditación para mejorar su vida.

La meditación rara vez, si alguna vez, se practica de manera efectiva para empezar. Debes aprender a reconocer la forma en que respiras, cómo te sientes y cómo enfocarte a un nivel en el que puedas volver tu mente hacia adentro y simplemente estar tranquilo y quieto.

Desde el día en que nacemos, se nos dice cómo sentir, comportarnos e incluso cómo pensar. Se nos enseña a ser considerados con los demás en todas las cosas y a dar nuestro tiempo y energía libremente a las personas que nos importan y a las personas necesitadas.

La meditación consiste en desconectar todo lo demás y centrarse en ti y solo en ti. No permanentemente, por supuesto, solo por el tiempo que está meditando. Se trata de tomar ese corto período de tiempo para permitir que su mente, cuerpo y espíritu se equilibren de modo que podamos ser fieles a quienes somos sin dejar de ser un miembro de la sociedad responsable y eficaz.

Ganar y mantener este nivel de enfoque sin distraerse no es algo que pueda lograr al instante, y es importante que esté consciente de esto antes de comenzar. Irritarse consigo mismo porque no puede mantener un enfoque constante no tiene sentido, cuando encuentra que su mente se desvía hacia un pensamiento consciente, lo reconoce, vuelve a concentrarse en su respiración y continúa. Lleva práctica, pero en poco tiempo encontrará que las distracciones se alejan y pronto podrá mantener el enfoque necesario en la meditación de una manera que sea beneficiosa y proporcionará resultados.

Visualización

Las meditaciones de visualización son una excelente manera de relajarte y retirarte de tu vida por un corto tiempo. Se basan en su imaginación y subconsciente trabajando en armonía unos con otros. El objetivo de este ejercicio es ayudarlo a entrenar su mente para que su imaginación tenga rienda suelta. Su subconsciente trabajará con él y le brindará información y sugerencias que le ayudarán en su vida cotidiana.

Cuando se haya convertido en un adepto a la visualización, puede ir un paso más allá e incorporarlo en sus meditaciones para ayudarlo a resolver cualquier problema actual.

Entra en un estado meditativo básico. Una vez que tus chakras estén abiertos, imagínate en algún lugar en el que te sientas seguro, esto puede ser en cualquier lugar que desees, junto a un río, a la orilla del mar, en una cabaña en las montañas, etc.

Fíjate dónde estás y qué estás haciendo. ¿Estás dentro o al aire libre? ¿Tienes frío o calor? ¿Cómo son tus alrededores? Explorar; dar una vuelta; mira lo que hay ahí, trate de no pensar en lo que está viendo o en lo que cree que debería estar viendo (esto puede requerir algo de práctica).

El punto de visualización de la meditación es permitir que su subconsciente le brinde respuestas o sugerencias acerca de las cosas que están sucediendo en su vida cotidiana para que pueda lidiar con estos problemas sin la ansiedad que le proporciona nuestra mente consciente.

Cuando sienta que ha pasado el tiempo suficiente en su visualización, dirija lentamente su mente a su entorno físico. Tómese un minuto o dos para concentrarse en su respiración, luego cierre sus chakras y salga de su meditación.

Conócete a ti mismo emocional

Esta práctica es para ayudarte a aprender sobre tu cuerpo y realmente conocer tu ser físico. Esto será útil para reconocer cualquier problema antes de que se convierta en un problema para que pueda ayudar a sanar con la limpieza de chakra.

Entra en tu estado meditativo y concéntrate en tu respiración. Escúchalo. ¿Es fuerte o suave? ¿Rápido o lento? ¿Es pesado o ligero? ¿Cómo se siente tu respiración dentro de tu cuerpo? ¿Está causando que su pecho o su estómago suban? ¿Está haciendo que tu pecho se contraiga o estás relajado? Reconozca cualquier malestar causado por su respiración y regúlela para que se sienta cómodo.

A continuación, enfócate en tus respuestas emocionales. ¿Está tenso, ansioso, relajado, feliz, etc. Reconozca la emoción y vea si puede darse cuenta de los sentimientos físicos que está causando.

¿Hay algún hormigueo, mareo, apretamiento de músculos, etc.? Una vez que haya reconocido las emociones que está sintiendo y sus efectos físicos, piense conscientemente en algo que lo hizo enojar, ahora vuelva a mirar hacia adentro y observe cualquier cambio en la reacción física y la respiración. Muévete a través de diferentes emociones y sé consciente de cómo te afectan.

Es posible que desee hacer esto sobre varias prácticas para evitar pasar por una montaña rusa emocional.

Antes de centrarse en una emoción diferente, dedique un tiempo a ajustar su respiración para volver a un estado de calma, tanto mental como físicamente.

Con el tiempo, descubrirá que cuando esté en la vida cotidiana, podrá obtener control sobre su estado emocional y su función de una manera mejorada sin verse afectado por ninguna reacción negativa.

Una vez que haya terminado, regrese a un patrón de respiración calmado y constante, cierre sus chakras y salga de su meditación.

Práctica general

Pase algún tiempo practicando los diferentes tipos de meditación, pruebe el mantra, el zen y cualquier otro que le atraiga para que pueda determinar qué forma de meditación funciona mejor para usted.

Tenga en cuenta que, aunque todavía no haya logrado las técnicas de meditación, todas las prácticas le brindarán beneficios. Al principio, pueden ser pequeños y apenas perceptibles para su ser consciente, pero estarán allí.

Conclusión

Gracias por descargar este libro y espero que haya disfrutado de leerlo tanto como yo disfruté escribiéndolo.

Confío en que haya adquirido suficiente conocimiento de los beneficios de la meditación y cómo practicarla para poder incorporarla con éxito en su vida de una manera positiva.

La historia y la información general que he incluido está diseñada para brindarle una comprensión completa de las tradiciones asociadas con las técnicas de meditación y los orígenes de esta práctica asombrosa y terapéutica.

Una vez que haya pasado algún tiempo meditando, estoy seguro de que querrá transmitir sus conocimientos a sus amigos, familiares y compañeros de trabajo para que ellos también puedan experimentar los beneficios de una mente tranquila y equilibrada. ¿Por qué no pasar algún tiempo haciendo meditaciones grupales? Esta no solo es una excelente manera de vincularse y conectarse con otros, sino que también enriquece sus experiencias de conexión con las energías universales que lo rodean.

Gracias y buena suerte.

Parte 2

Introducción

Este libro de "Meditación" contiene pasos y estrategias comprobadassobre cómo aprender con facilidad técnicas de meditación probadas en el tiempo. Quizás no te sientasmuy seguro acerca de los maravillosos beneficios de la meditación, o quizás tú ya sepas cómo meditar. De cualquiera de las dos maneras, este libro será un recurso invaluable. Este es simplemente el mejorestructurado y resumido libro sobre meditación en Amazon y te brindará ¡la vía rápida hacia la Meditación Mindfulness y cómo puedes beneficiarte inmensamente con ella!

Comenzarástu viaje a través de la meditación aprendiendo acerca de su esencia y beneficios. Después, serás introducido en la técnica más básica de meditación que todos podemos realizar. Tú podrás escoger de la variedad de técnicas meditativas aquella que te ayudará a sentirte libre de la ansiedad, volverte más productivo, incrementar tu capacidad mental, estar conectado con tu lado espiritual y sentirte más feliz y contento. Al final, aprenderás a cómo crear una rutina que convierta la meditación en un hábito diario, lo que te garantizará los beneficios que se obtienen con la práctica de todos los días.

Gracias por adquirir este libro. ¡Espero que lo disfrutes!

Capítulo 1. Comprendiendo la Meditación y los tipos de beneficios que puedes recibir al practicarla.

La Meditación está lejos de ser complicada. De hecho, puede explicarse en solo cuatro pasos: siéntate, permanece en silencio, concéntrate en tu interior y enfócate en tu conciencia. Es eso, básicamente.

Pero, ¿por qué hay tanta gente buscando respuestas más grandes, lo que resulta en otras personas escribiendo tantos libros y artículos sobre meditación (así como este)? La razón de esto es porque las personas no saben a dónde dirigirse después del último paso. Tienden a inquietarse o aburrirse. Por lo tanto, este libro sirve de guía. Te señalará la dirección correcta e incluso te brindará diferentes maneras de alcanzar tu destino. También te mostrará algunas técnicas sencillas sobre cómo puedes llegar a la vez que te da los beneficios que ganarás haciendo el recorrido.

Comienza el viaje

Imagina que estás a punto de embarcarte en una aventura. ¿Cómo alcanzas el destino deseado? Necesitarás el equipamiento adecuado y las técnicas correctas, así como el mapa que guíe tu camino. Hay múltiples rutas, pero todas ellas llevan al mismo lugar. Naturalmente, algunas rutas son más difíciles de atravesar que otras y la decisión de cuál de todas vas a seguir, dependerá de tus energías, tus metas y tus preferencias personales.

Bueno, este es tu viaje a través de la meditación y depende de ti cuán lejos estás dispuesto a llegar para alcanzar tu destino. Donde quiera que te detengas, habrás llegado. Puede sonar confuso, pero no hay ninguna competencia en la meditación; el viaje *es* el destino.

Los beneficios a lo largodel camino

Lo más lejos que logres avanzar en tu viaje, más beneficios obtendrás para ti mismo. En el capítulo 2 discutiremos en detalle las increíbles ventajas que la meditación tiene en todas las áreas de tu vida, pero para

comenzar, enumeraremos sus beneficios aquí. Mientras tú avanzas en tu camino a través de la meditación, tú:
- Te centrarás más
- Te aliviarás del estrés, la tensión y la ansiedad
- Pensarás con más claridad y estarás más en paz con tus emociones.
- Reducirás tus niveles de colesterol y presión sanguínea.
- Tendrás más fuerza de voluntad para dejar adicciones y otros hábitos negativos.
- Obtendrás más creatividad y productividad, ya sea pro trabajo o por placer.
- Serás más seguro de ti mismo.
- Experimentarás más amor y alegría.
- Desarrollarás una relación más cercana con tus familiares, amigos y seres queridos.
- Te sentirás más feliz, más contento y serás más compasivo.
- Serás iluminado con una sensación de propósito y sentido en tu vida.
- Crecerá tu contacto con tu lado

espiritual.

Estos beneficios también funcionan como "paradas" a todo lo largo para el destino. De ti depende, si te sentirás satisfecho con experimentar los primeros tres o si estás dispuesto a llegar hasta el final. Con suerte, te sentirás inspirado para seguir adelante y continuar experimentando todo aquello que viene con la meditación; ya que como puedes ver, todos y cada uno de ellos vale la pena el esfuerzo.

Capítulo 2. Las principales razones por las que debes meditar y los increíbles beneficios en todas las áreas de tu vida.

La mayoría de las personas desean saber qué es lo que hay guardado para ellos antes de comprometer su tiempo y su energía a cualquier actividad. Querer esto es algo natural y práctico, porque ¿por qué deberías hacer algo si es inútil?

Démosle un vistazo a la meditación. ¿Por qué deberías dedicar de 10 a 20 minutos de tu tiempo libre todos los días, solo para concentrarte en tu respiración o decir la misma frase una y otra, y otra vez, cuando puedes navegar en línea o jugar un video juego? Bueno, este capítulo sirve para mostrarte las principales razones por las que debes meditar. Una vez que comiences a meditar, experimentarás de primera mano estos increíbles beneficios.

Los beneficios fisiológicos

Comencemos por echar un vistazo sobre lo que la meditación puede hacer por tu cuerpo:

- Baja la presión sanguínea.
- Desacelera los latidos del corazón
- Mejora el manejo del estrés
- Reduce las ondas *beta* (que son las que componen las ondas cerebrales responsables del pensamiento), a la vez que aumenta las *alfa, delta y gamma* (que son las ondas cerebrales responsables de una mayor actividad mental y profunda relajación).
- Aumenta la sincronización entre los hemisferios derecho e izquierdo del cerebro (lo que resulta en mayor creatividad)
- Reduce los riesgos de accidentes cerebrovasculares y de ataques cardíacos.
- Incrementa la esperanza de vida.
- Reduce los niveles de colesterol
- Reduce la utilización de energía, lo que se traduce en una reducción en la necesidad de oxígeno.
- Mejora la técnica de respiración (más lenta y profunda).
- Relaja los músculos
- Desarrolla un aumento en el umbral del

dolor.

Los beneficios fisiológicos

Una gran parte de lo que hacemos en la meditación implica actividad mental, por lo tanto es algo natural que beneficie grandemente a la mente también.

- Te sientes más feliz y alcanzas paz mental.
- Aprecias mucho más y sientes mayor placer por el momento presente.
- Manejas mejor las emociones negativas, lo que resulta en una reducción de cambios de humor.
- Desarrollas relaciones amorosas y armoniosas contigo mismo y con otros.
- Creces en compasión y empatía.
- Te vuelves más creativo y más seguro de ti mismo.
- Tu mente se vuelve más acuciosa, piensas con más claridad y sensibilidad.
- Sentimientos de ansiedad, ya sean agudos o crónicos, se reducen en gran medida.
- La meditación puede ser emparejada con otros enfoques (así como la

psicoterapia) en tratamientos de hábitos negativos como las adicciones.

Aprendiendo lecciones de vida a través de la meditación

Además de estos maravillosos beneficios para tu mente y cuerpo, hay muchas más importantes razones por las que debes meditar. Lo grande de la meditación, es que no necesitas inscribirte o convertirte en miembro de una iglesia o de una organización para disfrutar estos beneficios. Todo lo que necesitas es practicar la meditación todos los días. Ni siquiera tienes que gastar ningún dinero. Ahora bien, aquí hay más grandiosas razones por que meditar y ellas implican aprender importantes lecciones de vida:

Aprendes a abrazar el momento presente. La meditación te enseña a saborear cada momento así como se presenta y realmente nos recuerda sobre nuestra existencia. Te das cuenta que el pasado solo es un recuerdo y el futuro está todavía alimentado por nuestra imaginación.

Aprendes a amarte a ti mismo. Dicen que este es un mundo implacable, donde se vuelve imperativo que alcances a los demás o incluso puedas vencerlos. A lo largo del camino, pierdes de vista quien eres y lo que realmente deseas. Incluso comienzas a dudar de ti, sientes lástima y hasta te odias por no ser capaz de alcanzar las expectativas de otros. Sin embargo, la meditación te permite dar la bienvenida a tu yo verdadero sin hacer juicios y eventualmente aprenderás a amarte a ti mismo.

Aprendes a desarrollar una conexión más profunda con otros. El vínculo con otras personas se vuelve más significativo porque has aprendido a enfocarte únicamente en el momento presente que tienes con ellos. La comunicación se vuelve más natural y fluida.

Aprendes como permanecer equilibrado y con los pies en la tierra. La vida está llena de inseguridades y es la meditación la que ofrece consuelo sobre situaciones que no puedes controlar. Aprendes a apreciar la vida por lo que es (algo dinámico e impredecible) y aun así sentir el equilibrio que viene de adentro con la seguridad de que todavía tienes tu cuerpo, tu mente, tus sentidos y tus sentimientos.

Capítulo 3. Comprendiendo qué es la Meditación Mindfulness y qué significa estar en el presente.

La frase "vivir en el presente" ha sido mencionada varias veces en los primeros dos capítulos y por una buena razón. Muchos de nosotros sabemos lo que significa vivenciar el momento presente por lo que es, pero no todos tenemos el hábito de hacerlo.

Cuando le prestas atención al momento presente, tú estás siendo consciente. Mindfulness o Conciencia plena cultiva la aceptación, la compasión y la curiosidad. La vida se vuelve más placentera porque está libre de los confines de los arrepentimientos del pasado y las angustias del futuro.

La Meditación Mindfulness es una manera de formarse el hábito de vivir en el momento presente. La naturaleza de la conciencia plena no se limita a cinco o diez minutos por día, sino que debe convertirse en parte de una rutina diaria. Para ser más específicos, Mindfulness es una forma de vida.

Cómo hacer Meditación Mindfulness

La Meditación puede practicarse en cualquier momento y en cualquier lugar donde te sientas cómodo. Sin embargo, es recomendable que evites meditar después de que has ingerido una comida pesada o cuando tienes mucha hambre, porque en esos casos tu atención se centra solo en tu estómago. La meditación Minfulness se puede hacer mientras estás sentado, caminando, comiendo o simplemente respirando.

Si esta es la primera vez que lees algo sobre meditación Mindfulness, puedes intentar este simple ejercicio para que puedas experimentar lo que es estar realmente consciente. El ejercicio se llama "meditación de la comida" y necesitarás una uva pasa o cualquier otro trozo pequeño de comida.

Paso 1: Coloca la pasa en tu mano. Pretende que nunca has visto o comido una uva pasa antes. Tómate tu tiempo para admirar tu color característico y su textura. Siente cada arruga a lo largo de su cáscara y su delicadeza cuando la sostienes entre tus dedos.

Paso 2: Olfatea la uva pasa con suavidad y toma nota de su aroma. Si no tiene ninguno, nota como te hace sentir esa carencia de olor.

Paso 3: Coloca la pasa cerca de tu oído y gírala entre tus dedos índice y pulgar. Presta atención y escucha si hace algún sonido.

Paso 4: Retira la pasa de tu oído pero síguela rotando entre tus dedos. Cierra tus ojos y deja que tu sentido del tacto se llene por completo de la sensación de la pasa. Aprétala suavemente y observa cómo se siente.

Paso 5: Toma la pasa y acércala a tu boca. Ponla con suavidad sobre tus labios y experimenta como se siente. Ponla sobre tu lengua y reflexiona en cómo te hace sentir. ¿Te sientes aliviado? Siente cómo la pasa rueda cuando mueves tu lengua, y luego colócala entre tus dientes y muérdela. Vive la experiencia de saborear la pasa y cómo cambia su sabor y su textura conforme la vas masticando y la tragas. Permanece en la experiencia hasta que hayas consumido completamente la usa pasa.

Paso 6: Observa el gustillo que queda en tu boca después que hayas experimentado comer la uva pasa.

Después que hayas terminado esta pequeña meditación Mindfulness, pregúntate lo siguiente: ¿Cómo te sientes después de terminar el ejercicio? ¿Qué te hará sentir esta experiencia cuando comas pasas en el futuro? ¿Qué has aprendido y encontrado acerca de ti mismo?

La meditación Mindfulness es mucho más que este ejercicio. Es simplemente acerca de traer tu conciencia plenamente a lo que estás haciendo en cada momento. Sin pasado, sin futuro. Solo ahora.

Capítulo 4. Guía de inicio rápida acerca de cómo meditar y meditación para principiantes.

La regla de la meditación es muy simple: relájate y enfoca tu completa concentración a un área específica. Una vez que lo domines, puedes encaminarte a explorar y probar otras técnicas de meditación, a fin de descubrir cuáles son las más adecuadas para ti. Por ahora, comenzaremos con una simple meditación de conteo.

Cómo hacer meditación de conteo para principiantes

Antes de meditar, lo primero que debes hacer es determinar un tiempo específico en el cuál harás la meditación, preferiblemente temprano en la mañana o tarde en la noche, porque esos son los momentos en que con seguridad hallarán paz y quietud.

Luego busca un lugar donde puedas acomodarte en el piso con las piernas cruzadas. Si es posible, deberías sentarte frente a una pared lisa, lo recomendable es sentarse a una distancia de unos cincuenta centímetros a un metro.

Ahora, para comenzar con el conteo de meditación, asegúrate de vestir ropa holgada y cómoda. Siéntate en el piso sobre un cojín, con las piernas cruzadas y viendo hacia la pared.

No te preocupes mucho acerca de si te estas sentando o no en la posición correcta. Lo que es más importante es que te sientas cómodo. Si tienes problemas de espalda, tienes la opción de sentarte en un silla o de hincarte, Asegúrate de que tu columna está recta y que tu barbilla está ligeramente hacia abajo. Mantén los hombros relajados. Abstente de cerrar los ojos. En vez de eso, baja la mirada y céntrate en el piso, a unos cincuenta centímetros frente a ti.

Pon tus manos sobre tu regazo, las palmas hacia arriba y coloca los dedos de tu mano izquierda encima de los dedos de tu mano derecha, presiona ligeramente los pulgares.

Estamos ahora por comenzar las

respiraciones. Respira como normalmente lo harías, no tan profundo pero tampoco muy rápido. Concéntrate en tu respiración, en como fluye hacia adentro y hacia de tus pulmones.

Mientras alcanzas un estado meditativo, comienza mentalmente a contar de uno a diez, con cada conteo, usa uno para inhalar y uno para exhalar. Repite el ciclo de conteo por el tiempo que desees, solo asegúrate de mantener la postura.

Habrá momentos en que te distraerás con tus pensamientos. Cada vez que esto suceda, deja que el pensamiento se deslice en tu mente, no lo entretengas ni te apegues a él. Imagina esos pensamientos como vagones de tren que están pasando. Puedes verlos, pero no puedes subirte a ninguno de ellos. Continúa concentrándote en donde te encuentras y vuelve a comenzar el conteo.

Puedes meditar todo el tiempo que quieras hasta que sientas que tu mente está por completo descansada. Si eres de los que está muy pendiente del tiempo (lo cual es completamente normal), puedes dejar una alarma que te indique cuando terminar la meditación. Selecciona un tono suave (así como el sonido de un gong), en vez de una alarma fuerte, para que puedas suavemente salir del estado de meditación.

Capítulo 5. Cómo usar la meditación para dejar de preocuparse y manejar la ansiedad.

La preocupación sucede cuando la mente está pre-ocupada por el pasado o por el futuro, pero es indiferente con el momento presente. Sin embargo, preocuparse no dará ninguna solución en lo absoluto. No hay nada en la preocupación que ayude a resolver el problema que tienes frente a ti. De hecho, solo hará que la situación empeore porque reducirá tu habilidad para pensar razonablemente.

Durante los ataques de ansiedad, usa la meditación para permanecer en calma y equilibrado. Una vez que hayas superado los pensamientos y sentimientos negativos, estarás listo para enfrentar el problema y resolverlo. Si es un problema que no puede ser resuelto, la meditación te ayudará a aceptarlo y a avanzar en tu vida sin remordimientos.

Calma la mente con la Meditación

Trascendental

La técnica de la Meditación Trascendental, con frecuencia llamada MT, es practicada durante quince a veinte minutos, dos veces al día, mientras permaneces sentado con los ojos cerrados. A través de este estado de meditación, tú estás supuesto a repetir un mantra. MT tiene múltiples propósitos, pero aquí la usaremos específicamente para aliviar la ansiedad.

El primer paso para realizar la MT será seleccionar un mantra. Un mantra es una palabra o una frase que encierra un significado especial para ti. Deberá ser una sola cosa en la que estarás completamente enfocado. Este mantra debe repetirse en silencio en la mente y no debe decirse en voz alta, aunque en realidad esta regla no está escrita en piedra.

Aquí hay algunas sugerencias de los que debes usar como mantra, en caso de que todavía no hayas conseguido una propia:
"Yo estoy en calma y tranquilo"
"Inhalo calma, exhalo tensión"
"Yo me amo incondicionalmente"
"Este problema es temporal"

"Estoy por encima y más allá del estrés. Estoy en paz"
"Todo está bien en mi mundo"
"Mi futuro es brillante"
"Todo lo dejo a Dios/el universo"
"Yo soy más fuerte que el miedo"

¿Te has decidido por alguno de los mantras? Continuemos.

El siguiente paso ahora es encontrar un rincón tranquilo donde no seas interrumpido. Si estás en tu habitación, lo mejor es poner cerrojo a la puerta. Siéntate confortablemente en ese lugar especial y cierra tus ojos. Si lo quieres, puedes también acostarte. Lo que importa es que tú te liberes de toda tensión y permitas que tus músculos se relajen.

Ahora, inhala y exhala profundamente para disponer el ánimo. Una vez que tú sientas que has alcanzado un estado de meditación, comienza mentalmente a repetir tu mantra. Permite que tu mente la diga articuladamente. Permite que el mantra sea la única cosa que ocupe tu mente. Cualquier otra cosa necesita ser dejada fuera. Si un pensamiento de preocupación persistentemente se abre camino en tu mente, puedes exclamar en voz alta: ¡No!; y luego regresar a tu mantra. Continúa repitiéndolo hasta que te sientas ligero y en calma. Luego lentamente abre tus ojos, ponte de pie y continúa con tu día.

Algunas veces ayuda tener una música suave de fondo o ruido blanco que ayude a poner en paz tu mente. Mira si esto crea el ambiente adecuado para ti. Aunque puede que esto no funcione para todos, puesto que puede convertirse en una distracción. Otra alternativa es encontrar audios gratuitos en línea de MT, con los que puedes concentrarte en las grabaciones. Así sea la opción que elijas, lo más importante es que te sientas aliviado al terminar cada sesión.

Capítulo 6. Técnicas para incrementar la productividad usando la meditación.

Productividad es cuando tú sabes exactamente lo que estás haciendo y te has propuesto hacerlo complete y sin interrupciones. Al relajarte, la meditación te ayuda a alcanzar ese estado de productividad y te permite enfocarte solo en la tarea importante que tienes en tus manos.

Meditación para alcanzar la máxima productividad
Si tienes una tarea que quieres ejecutar bien, entonces realiza esta técnica de meditación varias veces antes de comenzar. Es llamada técnica de meditación con visualización y es usada con regularidad por atletas.
Primero, siéntate en una postura confortable y cierra tus ojos. Toma varias respiraciones profundas, permitiéndote relajarte con cada exhalación. Haz esto durante varios minutos hasta que todo tu cuerpo esté completamente relajado.

Luego, imagínate haciendo una tarea importante desde el inicio hasta el final. Haciendo la visualización tan vívida como puedas, permitiendo que tus sentidos experimenten la tarea a través del ojo de tu mente.

Mientras te visualizas en el punto máximo de su cumplimiento, incluye el sentimiento de sentirte bien por ello. Permite a tu ser empoderarse y entusiasmarse, o al menos disfrutarlo. Si sientes miedo o ansiedad en cualquier momento de la visualización, debes parar y dar respiraciones profundas hasta que el sentimiento negativo se ha ido. Después de eso, regresa a la visualización.

Una vez que hayas completado la visualización de la tarea, toma unas respiraciones profundas, ponte de pie y continúa con las actividades de tu día. Asegúrate de hacerlo varias veces antes de realizar la verdadera tarea, para mejorar la productividad y tu desempeño.

Capítulo 7. Estrategias para incrementar la espiritualidad usando la meditación.

La meditación continúa definitivamente te permitirá experimentar cierto nivel de espiritualidad. Tal vez a alguno de ustedes les suene extraño, pero también la espiritualidad es una experiencia personal que no puede ser explicada de la misma forma a todo el mundo. Sin embargo, permítete comprender el concepto de espiritualidad que está vinculado con la meditación, aquí hay algunas de las experiencias que podrías experimentar:

- Una placentera sensación de ser bendecido.
- Una corriente de energía que sube por la columna.
- Experimentar que el cuerpo se funde dentro de la luz o que se expande y se dispersa a través del espacio.
- Un profundo conocimiento de una presencia sagrada que trasciende el tiempo y el espacio.
- Visiones de seres espirituales.
- Sentimiento de amor incondicional de

una entidad superior.

La sensación de estar en contacto con una dimensión espiritual es algo que cala profundamente hasta lo más profundo del cuerpo y alma de cada uno. Algunas personas se sienten fuera y encima de sí mismas, mientras que otras sienten como si algo saliera de dentro de ellas. Para estar en contacto con tu espiritualidad a través de la meditación, debes intentar el siguiente ejercicio que te permitirá reconocer tu "cuerpo energético".

Meditación para ponerte en contacto con la energía de tu cuerpo.

Si alguna vez has sentido que tú eres más que solo un cuero físico, entonces querrás ponerte en contacto con tu cuerpo energético. Tu cuerpo energético en el aura de energía que envuelve a tu cuerpo físico. Y no conoce límites.

El primer paso para sentir la presencia de tu cuerpo energético es sentarte en silencio en tu esquina de meditación y cerrar los ojos. Después, inhala y exhala despacio y profundamente. En cada respiración que exhales, permítete a ti mismo relajarte gradualmente.

Continúa respirando profundamente, pero esta vez vas a visualizarte tomando una caminada en la naturaleza, tal vez con un ser querido. Permite a tu ser permanecer en esta visualización tanto como desees. Toma conciencia de lo ilimitado que se siente en el ojo de tu mente.

Entonces imagina una situación mundana que sea frustrante, como quedar atascado en el tráfico. Tratando de no imaginar nada, chequea si puedes ver con el ojo de tu mente, el aura a tu alrededor. Trata de identificar cuán grande es y qué tan lejos se extiende de tu cuerpo físico. Nota que tan gruesa o delgada es, o en que zonas parecer ser más gruesa que en otras.

Una vez que finalmente notes tu energía, permite que se expanda a lo largo de toda el área donde estás sentado. Llena toda la habitación con la energía, así como lo has visualizado con el ojo de tu mente. Permite que se expanda tan lejos como tú desees que llegue.

Finalmente, retráela lentamente a tu

alrededor. Nota como se vuelve más densa cuando la contraes de nuevo a su forma original. Haz esto, continúa expandiéndola y retrayéndola varias veces y nota cómo te hace sentir.

Meditación para ponerte en contacto con una realidad mayor.

Para inclinarse espiritualmente hacia el SerSupremo (puede ser Dios, el Espíritu o Buda), puedes probar el siguiente ejercicio, que proviene de una antigua práctica devocional tibetana.

Primero, siéntate en silencio y cierra tus ojos. Comienza a respirar despacio y profundamente, permitiéndote relajarte gradualmente cada vez que exhala.

Luego, imagina que el Ser Supremo está frente a ti o sobre ti. Si tú no crees en ningún ser superior, entonces imagina un ser que contiene una gran compasión y una infinita sabiduría. No es necesario tener que crear una visualización. Lo que importa es que sientas esa presencia arrolladora.

Profundiza tus sentimientos de devoción

hacia el supremo y siente esta existencia real en este mismo momento. Relaja tu cuerpo y entrega toda la tensión a tu ser supremo.

Permite a tu ser sumergirse completamente en el resplandor de este ser iluminado. Luego recita un mantra devocional, si tienes uno.

Siente una abrumadora sensación de unidad con el ser supremo e imagina rayos brillantes de pura luz blanca que brotan de lo supremo y penetran en el centro más profundo de tu cuerpo, mente y espíritu. Quédate dentro de esta luz todo el tiempo que quieras.

Capítulo 8. Consejos para incrementar la capacidad de tu mente usando la meditación.

Un beneficio práctico que la mayoría de personas desearía obtener con la meditación es aumentar la capacidad cerebral. De hecho, la meditación puede ayudar a aumentar el poder mental siempre que se practique de forma regular. Esto se debe a que un estudio reciente ha demostrado que esto puede mejorar las regiones clave del cerebro asociadas con la retención de memoria.

Consejos de meditación para la capacidad mental

Cualquier técnica de meditación puede ser utilizada con el propósito de mejorar la capacidad mental, siempre y cuando se practique a diario. Por supuesto, tiene que ser una meditación de calidad, en la que estés completamente inmerso en un estado de meditación tal, que afecte de manera positiva tu cerebro. Aquí hay algunos indicadores acerca de cómo

alcanzarlo:
- **Clasifica tus pensamientos.** Cuando estás atascado con pensamientos que te distraen de tu foco de atención, clasifícalo. Esto le dará la señal a tu mente, de que sí, estás reconociendo el hecho de que te estás desviando pero no vas a permitirle que te saque completamente del estado meditativo. Algunos ejemplos de clasificación pueden ser: pensamientos de "trabajo", "familia", "escuela" y "fantasía".
- **No te juzgues a ti mismo.** Cada vez que te sorprendas a ti mismo yéndote hacia el hilo de tus pensamientos, evita pensar que no eres bueno pata meditar o que no eres del tipo de persona que medita. Esto podría afectar mucho todo el proceso. En vez de eso, piensa que todo el mundo puede meditar, especialmente tú. Y de inmediato lleva tu completa atención de regreso al objeto de tu atención.
- **Usa la meditación cada vez que puedas.** No es necesario que estés sentado para meditar. Puedes hacerlo

cada vez que estés ocupado en alguna tarea cotidiana como lavar el carro o los platos. Incluso puedes hacerlo cada vez que te sientas triste. Respira y observa tus pensamientos como si tú estuvieras flotando sobre tu cabeza y leyendo las ideas de otras personas. También date a ti mismo dos minutos de respiraciones cada cierto tiempo.

La meditación te ayuda a practicar la concentración en un área en particular en ese momento. Esto entrena al cerebro en esta habilidad, lo que también puede ser traducido en enfocarse en otros temas importantes como el trabajo y la creatividad. El acto de meditar también mejora tus habilidades metacognitivas, lo que es esencial para la inteligencia en general.

Capítulo 9. Estrategias para incrementar la felicidad y la satisfacción usando la meditación

La felicidad es sobre vivir el momento y saborear el sentimiento propio de estar vivo. Es tan simple como eso. Si tú necesitas un poco de ayuda a través de la meditación para sentirte a gusto con la vida, entonces aquí hay dos técnicas sencillas que puedes utilizar.

La felicidad en el momento
Esta es una técnica sencilla de meditación, es algo que puedes hacer cada vez que quieres sentirte bien. Simplemente consiste en saborear los pequeños placeres de la vida.
El primer paso es decidir sobre una actividad sencilla y placentera, que tú usualmente no aprecias mucho. Algunos ejemplos pueden ser cocinar la cena, caminar por el parque, beber café caliente, relajarte en un baño caliente de burbujas, y jugar con tu mascota.
El siguiente paso será disfrutar esta

actividad y permitir a tus sentidos se llenen de la complacencia. Toma conciencia de los sentimientos positivos que conlleva la actividad, como la relajación, el deleite y el amor.
Esoestodo.Así de sencillo es poder sentirte feliz. Haz esto al menos una vez al día, por lo menos durante una semana y al final de la semana notarás cómo te sientes en general con la experiencia. ¿Te hace sentir más a gusto y optimista?

Experimentando alegría
Antes de irte a la cama, reflexiona sobre lo sucedido durante todo el día. ¿Te detuviste más en lo bueno o en lo malo? ¿Te enfocaste más en los éxitos o en los fracasos? La verdad es que tú tienes el poder de influenciar tu mente. Las personas felices y exitosas escogen ser felices y alegres. Cada vez que ellos se enfrentan con algún fracaso, ellos lo ven como un caso aislado y no algo que se convierta en parte de ellos.
Para ayudar a desarrollar esta actitud en ti, puedes hacer la siguiente técnica

meditativa:
Siéntate confortablemente y realiza respiraciones profundas. Mientras continúas respirando, recuenta todos los momentos felices que te sucedieron en las últimas veinticuatro horas. Puede ser un momento amoroso con algún amigo o familiar. Puede ser una deliciosa comida o una película corta, o incluso un momento de juego con tu mascota. Reproduce todo el momento en tu mente y disfruta de lo bien que te hace sentir.

Permite que los sentimientos de alegría y gratitud por estas maravillosas experiencias de tu vida florezcan desde lo más profundo de tu ser. Si encuentras difícil encontrar estos sentimientos, enfócate en tu corazón y ábrete a los sentimientos que evocas cuando experimentaste ser amado y protegido.

Continúa expandiendo estas emociones al reflexionar sobre todos los momentos felices a lo largo de tu vida. No te olvides de mantener las respiraciones profundas.

Cada vez que recuerdos negativos aparezcan, imagina que flotan alrededor como si fueran nubes. Quédate solo con los buenos recuerdos. Permanece sumergido en estas buenas memorias todo el tiempo que desees.

Este ejercicio sencillo es ideal realizarlo antes de rse a dormir. Al instante te hace sentir feliz y te ayuda a aliviar el dolor y la fatiga, permitiéndote tener una noche de descanso.

Capítulo 10. Una guía rápida y fácil para principiantes para llevar a la práctica una rutina diaria de meditación, que junte todos estos grandiosos consejos de meditación.

Aunque muchas personas de hecho han tratado de meditar, solo unas pocas pueden mantener el hábito. Esto hace que la meditación constante sea una preocupación mucho mayor en comparación con la meditación en sí. Como principiante en la meditación, tu objetivo sería no solo aprender a meditar, sino también en convertirlo en un hábito diario.

Para que la meditación se convierta en una rutina diaria para ti, aquí hay unos consejos rápidos y fáciles.

Establece un tiempo determinado. Solo serás capaz de beneficiarte con la meditación, si la practicas regularmente. Para que esto se convierta en un hábito, reserva al menos diez minutos dos veces al día destinados únicamente para meditar.

Ten un propósito para la meditación. La

meditación es todo acerca de enfocarse, lo que significa que la fuerza de voluntad está completamente involucrada en el proceso. A veces un poco de motivación es lo que necesitas para seguiruna rutina y detrás de la motivación está el propósito. Piensa cuál es la razón por la que quieres meditar y permite que eso sea un recordatorio constante.

Establece un área específica para meditar. Es de ayuda si tú tienes un rincón tranquilo destinado únicamente para ser tu área de meditación. Haz que sea propicio para meditar agregando un cojín suave y algunas velas. Deja que fluya tu creatividad.

Comienza con la respiración. Si es el momento de meditar pero sientes que "no estás de ánimos", simplemente siéntate, relájate (pero mantén tu espalda recta), y enfócate en la respiración. Programa tu alarma para recordarte cuando el tiempo haya transcurrido. No importa si te sientes o no calmado al final de la sesión. Lo importante es que lo hiciste.

Haz algunos estiramientos. Aquí hay otra

manera de comenzar la meditación, aun cuando no tienes ganas de hacerla. Estira tu cuerpo, comenzando con los brazos, ponte derecho y luego trata de tocar la punta de los pies. Estira tus brazos hacia arriba como si quisieras tocar el cielo. Luego toma asiento y comienza a meditar. Te darás cuenta de que todo lo que necesitabas hacer primero era liberar algo de la tensión de tus músculos.

Reconoce la frustración cuando golpee. Es completamente normal que un principiante comience a pensar: "esto no tiene sentido", "estoy perdiendo el tiempo", y otros pensamientos de frustración. Cada vez que te descubras sintiéndote de esta manera, recuérdate que estos son los obstáculos que te impiden reconocer tu verdadero potencial y experimentar la ida al máximo. Tú sabes que la meditación puede llevarte allí, así que no dejes que la impaciencia se interponga en tu camino.

No dejes de leer sobre meditación. Cada vez que encuentres el tiempo para leer, busca aprender sobre meditación. Los pensamientos y sugerencias de los expertos y compañeros practicantes te inspirarán a continuar con tu rutina y te recordarán sobre los beneficios de la meditación constante.

Explora. La meditación es como un primo del ejercicio, lo que significa que tú debes también incluir variedad en tu meditación, de los contrario te aburrirás. Hay muchas y diferentes técnicas de meditación para que tu practiques todos los días. Tiene el mundo a sus pies.

Conclusión

¡Gracias de nuevo por comprar este libro de meditación!

Estoy extremadamente emocionado de transmitirte esta información y estoy feliz de que lo hayas leído y con suerte pueda usar estas estrategias y avanzar.

Espero que este libro pueda ayudarte a comprender qué es la meditación y cómo hacerla parte de tu vida diaria, y así puedas experimentar felicidad, paz y productividad.

El siguiente paso es que comiences a usar esta información y con suerte, ¡Vivas unas vida llena de tranquilidad y felicidad!

Por favor, no seas una persona que solo lee esta información y no la aplica, las estrategias te este libro solo te beneficiarán ¡Si las usas!

Si conocer a alguien que puede

beneficiarse con la información aquí presentada, por favor hazles saber sobre este libro.

¡Gracias y buenasuerte!

www.ingramcontent.com/pod-product-compliance
Lightning Source LLC
Chambersburg PA
CBHW071902070526
44583CB00016B/1803